Weihnachtskugeln

W0224716

Gisela Heim
Sigrid Heinzmann
Ute Iparraguirre De las Casas
Pia Pedevilla

Weihnachtskugeln

einmal anders und ganz besonders. In diesem Buch finden Sie fantastische Beispiele, wie Sie Ihre alten, aber auch neue Weihnachtskugeln individuell verzieren können. Schmücken Sie Ihren ganz persönlichen Weihnachtsbaum: Mit Weihnachtskugeln, die es nicht zu kaufen gibt!

Aus alt mach neu! Verwandeln Sie Ihre alten Weihnachtskugeln in nagelneue Kugeln mit außergewöhnlichem Design, das es nirgends zu kaufen gibt. Wir zeigen Ihnen, wie Sie ganz schnell mit wenig Materialeinsatz zu traumhaft schönen Ergebnissen kommen. Frohes Fest!

So wird's gemacht

MATERIALIEN,

die in Ihrem Haushalt vorhanden sein sollten. Diese Materialien sind nicht in den einzelnen Materiallisten aufgeführt.

- Transparentpapier/dünner Karton (für Schablonen)
- Papier in Weiß
- Schneiderkreidepapier in Weiß
- Bleistift/Radiergummi
- Kugelschreiber
- wasserfester Stift in Schwarz und Gold
- UHU Alleskleber/Klebefilm/Heißkleber
- Scheren in verschiedenen Größen
- Cutter mit Schneideunterlage
- verschiedene Pinsel/Schwamm
- Maldüse, ø 0,1 mm
- Wattestäbchen
- Zahnstocher/Schaschlikstäbchen
- Küchenkrepp/Stofftuch
- Seitenschneider/kleine Zange
- kleiner Eimer
- Glasreiniger

VORLAGEN ÜBERTRAGEN

Weniger geübte Maler verwenden zum Übertragen am besten weißes Schneiderkopierpapier. Dafür nur schmale Streifen passend in der Motivgröße zuschneiden, da das Kopierpapier sehr gut haftet und sich später schwer wieder entfernen lässt.

Das gewünschte Motiv von der Vorlage auf Transparentpapier oder weißes Papier übertragen und ringsherum grob ausschneiden. Danach das Schneiderkopierpapier ca. 4 mm größer als die Vorlage zuschneiden. Kopierpapier unter der Vorlage mit Klebefilm auf der Kugel fixieren. Klebefilmstreifen sparsam verwenden, da sich beim Entfernen bei nicht durchgefärbten Glaskugeln eventuell auch die Kugelfarbe mit ablösen kann. Dann die Linien mit einem Kugelschreiber nachziehen. Anschließend das Motiv aufmalen und die Farbe trocknen lassen. Mit Glasreiniger und einem weichen Papiertuch oder Lappen nicht übermalte Kopierpapierstriche entfernen.

VORLAGEN VON INNEN AUF TEILBARE KUGELN ÜBERTRAGEN

Die Kugeln sollten vor dem Bemalen mit Glasreiniger gesäubert werden. Anschließend das gewünschte Motiv von der Vorlage auf Transparentpapier übertragen, grob ausschneiden und ringsum ca. einen halben Zentimeter einschneiden. Mit Klebestreifen die Vorlage in der Kunststoffkugel befestigen, dabei darauf achten, dass das Motiv

gerade sitzt und die Aufhänge-Öse nach oben zeigt. Mit Acrylfarben die einzelnen Motivfelder nacheinander ausmalen, ggf. zwischendurch trocknen lassen. Mit einem wasserfesten, feinen Filzstift oder mit schwarzer Acrylfarbe Schattierungen aufmalen und die Motivumrisse nachfahren, um sie plastischer hervorzuheben. Zum Schutz kann zum Schluss noch über die bemalte Fläche mit einem feinen Pinsel Klarlack aufgetragen werden.

MALEN MIT WINDOWCOLOR

Die auf Papier übertragene Vorlage (Kopie) mit Klebestreifen auf einem Stück fester Pappe befestigen. Die passend zugeschnittene Malfolie darüber legen und mit Klebestreifen fixieren. Mit Konturenfarbe (für feine Linien eine Malspitze aufschrauben) die Umrisse des Motivs nachfahren. Mit leichtem Druck fließt die Farbe aus der Tube, ggf. die Tube zuvor auf die warme Heizung legen, dann fließt die Farbe besser. Nach dem Trocknen der Kontur (Herstellerangaben beachten) die Flächen mit Windowcolor-Farbe ausmalen. Mit einem Zahnstocher lässt sich die Farbe bis direkt an den Rand der Kontur verteilen. Für Marmoriereffekte die Flächen mit zwei oder mehreren Farbtönen füllen, anschließend mit einem Zahnstocher die Farben ineinander verziehen und trocknen lassen. Für Glitzereffekte feines Flimmergranulat in die noch nasse Farbe streuen oder mit einem Schaschlikstäbchen unterziehen. Beim Malen darauf achten, dass die Farbe nicht zu dünn aufgetragen wird, sonst kann das fertige Motiv beim späteren Abziehen von der Folie zerreißen. Luftblasen, die sich beim Malen mit Windowcolor-Farben bilden, lassen sich einfach mit einer Nadel aufstechen.

Das fertig gemalte und gut getrocknete Motiv von der Folie abziehen, auf der Kugel anordnen und vorsichtig andrücken, dabei die Seiten nach außen glatt streichen.

TIPPS

Um eventuell sichtbare Kleberückstände und feine Kratzer zu kaschieren oder einfach nur zum Schutz der Bemalung, können die Kugeln zum Schluss mit einer dünnen Schicht Klarlackspray oder als zusätzlicher Effekt mit Glimmerspray übersprüht werden.

Wenn Kugeln neu gekauft werden, auf eine gute Qualität achten. Preiswerte Kugeln sind oft nur lackiert, also das Glas nicht durchgefärbt. Die Kugeln sind daher kratzempfindlicher, deshalb Klebefilm sehr vorsichtig verwenden, die Farbe könnte sich evtl. ablösen.

BASTELZEIT

Die angegebene Bastelzeit bezieht sich auf **eine** gestaltete Weihnachtskugel. Hierbei wird die Trockenzeit von Farben und Klebstoff nicht berücksichtigt. Ebenso wird das Material für nur eine Kugel angegeben.

Mit Kordeln

BASTELZEIT
20 Minuten

MATERIAL

- Styroporkugel, ø 7 cm
- Bogen Seidenpapier in Weiß
- Acrylfarbe in Gold
- Acrylfarbe in Rot, Rosa, Violett bzw. Orange
- dicke Paketschnur von der Rolle
- Stecknadeln ohne Kopf
- Tapetenkleister

Tipp

Wenn Sie das Seidenpapier auf die Kordeln aufbringen, sollten Sie besonders bei den Kordelübergängen darauf achten, dass sich keine Luftblasen bilden. Streichen Sie das Seidenpapier immer wieder mit den Fingern glatt.

1. Die Paketschnur zu Beginn mit einer Stecknadel auf die Kugel stecken. Dann die Schnur gemäß der Abbildung zu Ornamenten legen, dabei ca. alle 2 cm auf der Kugel feststecken.

2. Den Tapetenkleister in einem kleinen Eimer anrühren. Das Seidenpapier in ca. 4 cm x 4 cm große Stücke reißen und in mehreren Schichten auf die Kugel kleben. Alles über Nacht trocknen lassen.

3. Dann mit einem Pinsel die Kugel in der entsprechenden Farbe grundieren. Nach dem Tocknen mit einem trockenen Tuch wenig Farbe in Gold aufnehmen und die Gold-Schattierungen anbringen. Mit einem Pinsel die Kordel in Gold bemalen.

Hallo, Winter!

BASTELZEIT
15 Minuten

MATERIAL

- teilbare Kunststoffkugel, ø 12 cm
- Einlegescheibe, ø 12 cm
- Konturenfarbe für Windowcolor in Weiß
- Windowcolor in Frost, Glittereis, Weiß und Hellblau

VORLAGE SEITE 45

1. Mit der Konturenfarbe in Weiß gemäß der Vorlage die Konturen auf die Einlegescheibe malen.

2. Nach dem Trocknen die Flächen laut Abbildung ausmalen und nochmals gut trocknen lassen.

3. Die Einlegescheibe in die Kugel legen und diese zusammenfügen.

Tipp

Malen Sie die Motive in kräftigeren Farben. Dadurch wirken sie farbenfroher und gefallen auch Kindern sehr gut.

Apfelgrüne Kugeln

BASTELZEIT
10 Minuten

MATERIAL

- matte Weihnachtskugel in Hellgrün, ø 10 cm
- Konturenfarbe für Windowcolor in Weiß
- Windowcolor in Weiß und Glittereis
- Malfolie

VORLAGE SEITE 44

1. Zuerst die Konturen der Motive mit der Konturenfarbe direkt auf die Malfolie aufbringen und trocknen lassen.

2. Anschließend die Motive gemäß der Abbildung ausmalen.

3. Die Windowcolor-Motive vorsichtig von der Malfolie lösen und nach Belieben auf der Kugel dekorieren.

Tipp

Motive aus Windowcolor passen eigentlich zu jeder Kugelfarbe. So sehen Ihre Kugeln wieder wie neu aus.

Nostalgie-Engel

BASTELZEIT
30 Minuten

MATERIAL
- teilbare Kunststoffkugel, ø 8 cm, 10 cm bzw. 12 cm
- Satinierfarbe in Weiß und Gold
- Serviette mit Engelmotiv (Engelgröße ca. 12 cm x 6,5 cm) bzw. 2 Taschentücher mit Engelmotiven
- Serviettenkleber

Tipp

Arbeiten Sie besonders beim Anbringen der Serviettenmotive sehr sorgfältig. Beginnen Sie mit dem Auftragen des Klebstoffs direkt im Engelgesicht und arbeiten Sie immer von der Bildmitte nach außen.

1. Die Serviettenmotive exakt ausschneiden. Nur die oberste, bedruckte Serviettenlage wird mit einem Pinsel und Serviettenkleber auf der geteilten Kugel an der gewünschten Stelle angebracht.

2. Nach dem Trocknen im Kugelinneren mit einem Schwamm weiße Satinierfarbe, besonders im Bereich hinter den aufgeklebten Motiven, auftupfen und trocknen lassen. Die Kugel zusammenfügen.

3. Goldene und weiße Satinierfarbe mit einem Schwamm auf der äußeren Kugelseite rund um die aufgeklebten Serviettenmotive auftupfen.

Orientalischer Glanz

BASTELZEIT
20 Minuten

MATERIAL

- matte Weihnachtskugel in Violett, Purpur, Bordeaux bzw. Orange, ø 6 cm, 7 cm bzw. 8 cm
- Glitterliner in Gold bzw. Kupfer
- flache Klebestrasssteine in Rot, Blau bzw. Grün, ø 3 mm bzw. ø 6 mm

VORLAGE SEITE 46

Tipp

Die Kugeln können Sie mit Goldschleifen und dünner Goldkordel aufhängen oder die einzelnen Kugeln in einem schönen Teller zusammen mit einem passend bemalten Windlichtglas arrangieren.

1. Die Christbaumkugeln vorsichtig mit einem Küchenkrepptuch oder einem feinen Lappen abreiben.

2. Die Schnörkel und Verzierungen nach Vorlage mit Glitterliner aus der Tube (s. Seite 4) auf die Kugeln malen, dabei ruhig und langsam arbeiten, um einen gleichmäßigen dicken Strich aus der Tube zu erzielen. In den nassen Glitter kleine Strasssteinchen vorsichtig eindrücken.

3. Um ein Verschmieren des Glitters zu verhindern, zuerst die eine Seite oder eine Hälfte eines Motivs aufmalen und den Glitter trocknen lassen. Anschließend die andere Kugelseite oder zweite Motivhälfte aufmalen.

Pailletten und Perlen

BASTELZEIT
30 Minuten

MATERIAL

- glänzende Weihnachtskugel in Dunkelblau, ø 8 cm
- Aluminiumdraht, ø 2 mm, 90 cm lang
- Silberdraht, ø 0,4 mm, 1,20 m lang
- ca. 40 Wachsperlen in verschiedenen Farben (aus Perlenmix)
- ca. 50 Pailletten in verschiedenen Farben (aus Paillettenmix)

1. Ein Ende des dünnen Drahtes zu einer kleinen Schlaufe biegen. Alle Perlen und Pailletten abwechselnd auf das andere Drahtende auffädeln.

2. Den dünnen Draht um den dickeren Aluminiumdraht wickeln und dabei die Perlen und Pailletten gleichmäßig verteilen.

3. Die Drahtkombination spiralförmig um die Weihnachtskugel biegen. Die Drahtenden mit einem Tropfen Klebstoff auf der Kugel festkleben.

Tipp

Falls Sie die Perlen und Pailletten nicht abzählen möchten, so hilft Ihnen die folgende Angabe: 20 cm des dünnen Drahtes sollten beim ersten Arbeitsschritt dicht mit Perlen und Pailletten versehen sein.

Mit Strass-Steinen

BASTELZEIT
15 Minuten

MATERIAL

- matte Weihnachtskugel in Silber, ø 5 cm
- Konturenfarbe für Windowcolor in Weiß
- flache Klebestrasssteine in Kristall, ø 5 mm

VORLAGE SEITE 48

1. Die Motive gemäß der Vorlage auf die Kugel übertragen.

2. Dann die Konturen mit der Konturenfarbe nachzeichnen.

3. In die noch feuchte Farbe die Strasssteine einsetzen.

Tipp

Diese einfachen Verzierungen sehen auch auf glänzenden Kugeln sehr schön aus.

Elche im Schnee

BASTELZEIT
30 Minuten

MATERIAL
- teilbare Kunststoffkugel, ø 14 cm
- Windowcolorfarbe in Rot und Perlmutt
- Windradfolie, 16 cm x 16 cm
- Kristalleis, ca. 150 g

VORLAGE SEITE 45

Tipp

Die Elch-Kugeln eignen sich ganz besonders als Tischdekoration, da sie durch das Kristalleis schwer sind und die Elche deshalb einen sicheren Stand bekommen.

1. Die Vorlage mit Klebefilm unter der Windradfolie befestigen. Zuerst die perlmuttfarbenen Farbflächen auf Folie arbeiten. Dabei über die Kreislinie hinwegarbeiten. Kristalleis auf den noch feuchten Elch aufstreuen und trocknen lassen.

2. Mit der roten Windowcolorfarbe die übrigen Flächen ausmalen und wieder trocknen lassen. Die im Randbereich kleinere Kugelhälfte so auf das Motiv auflegen, dass der Elch genau in der Mitte ist. Mit einem Stift die Kreislinie markieren und dann das Motiv ausschneiden. Die Markierung beim Ausschneiden abschneiden. Zusätzlich das auf der Vorlage gestrichelte Teil unter den Hufen des Elches abschneiden. Vier Klebefilmstreifen überstehend auf der Rückseite der bemalten Folie aufkleben. Die kleinere Kugelhälfte erneut auflegen und die Klebefilmstreifen auf der Kugelaußenseite aufkleben.

3. Das Kristalleis in die andere Kugelhälfte einfüllen und die kleinere, mit dem Motiv versehene Kugelhälfte aufsetzen. Überstehende Klebefilmstreifen ggf. abschneiden.

Santa Claus

BASTELZEIT
60 Minuten

MATERIAL

- teilbare Kunststoffkugel, ø 16 cm
- Acrylfarben in Weiß, Gelb, Rot, Blau, Dunkelgrün, Braun, Grau und Schwarz
- Perlmutt-Flimmerstückchen und Flimmer- oder Flitterkleber
- künstliche Tannenzweigspitzen
- Organzaband in Dunkelgrün und Blau, je 4 cm breit, 50 cm lang
- Satinband in Rot und Dunkelgrün, je 6 mm breit, 50 cm lang
- Satinband in Rot, 2,5 cm breit, 1 m lang
- dünner Draht von der Rolle

VORLAGE SEITE 47

Tipp

Die Kugel können Sie auch als Steckkugel verwenden. Dafür befestigen Sie an der Kugel einen Holzrundstab mit passender Steckhülse. Beim Bemalen sollten Sie dann jedoch darauf achten, dass die Öse nach unten zeigt.

1. Das Motiv von der Vorlage auf Transparentpapier übertragen, grob ausschneiden und mit Klebefilm von innen in einer der Kugelhälften (Öse nach oben) fixieren.

2. Das Motiv nach Abbildung mit Acrylfarben auf die Kugelaußenseite malen. Nach dem Trocknen der Farben die Vorlage entfernen. Beide Kugelhälften von innen mit Flimmer- oder Flitterkleber einstreichen, Flimmer einstreuen und trocknen lassen. Dann die Kugel innen mit Weiß ausmalen, erneut trocknen lassen und anschließend die Kugelhälften zusammendrücken. Die Konturenumrisse der Motive mit einem feinen, wasserfesten, schwarzen Filzstift umfahren. Einzelne Schattierungen im Motiv mit weißer und grauer Acrylfarbe hervorheben.

3. Aus den Bändern einzelne Schleifen mit Draht abbinden, am restlichen schmalen, grünen Satinband die Kugel aufhängen. Mit Heißkleber einzelne Tannenzweige und die Schleifen auf der Kugel anbringen.

Himmlische Tischdekoration

BASTELZEIT
10 Minuten

MATERIAL

- matte oder glänzende Weihnachtskugel in Violett bzw. Flieder, ø 4 cm
- Papier-Engelflügel in Gold, 11 cm breit
- Bouillondraht in Gold, ø 2 mm, 10 cm lang
- Pailettensternchen in Gold, ø ca. 10 mm
- Ringelband in Gold, 4 mm breit, je 30 cm lang
- Lackmalstift in Gold

Tipp

Verwenden Sie für Ihre Tischdekoration ruhig matte und glänzende Kugeln zusammen.

1. Die Kugel leicht schräg nach hinten geneigt mit etwas Heißkleber auf dem Engelflügel aufsetzen. Nach dem Trocknen mit einem goldenen Lackmalstift den Namen aufbringen.

2. Den Bouillondraht wellig aufziehen, etwa viermal übereinandergelegt zu einem Kranz (ø 6 cm) schlingen und mit dem verbleibenden Drahtrest die Schlingen an einer Stelle zusammenwickeln. Den überstehenden Draht abschneiden.

3. Das Kränzchen um die Kugel streifen und mit etwas Heißkleber auf der Rückseite festkleben oder an der Kugel-Öse befestigen. Das Goldband durch die Kugel-Öse ziehen und zu einer Schleife binden. Kleine aufgeklebte Sternchen setzen zusätzliche Akzente.

Max
Eva
Lisa

Samtweiche Eisbären

BASTELZEIT
20 Minuten

MATERIAL
- teilbare Kunststoffkugel, ø 8 cm, 10 cm bzw. 12 cm
- Windowcolorfarbe in Dunkelblau und Perlmutt (opak)
- Samtpulver in Weiß
- Malfolie

VORLAGE SEITE 47

Tipp

Wenn Sie es schimmernd lieben, können Sie auf die noch feuchten Sterne extra feinen Perlmuttflimmer aufstreuen.

1. Mit einem Schwamm im Inneren der geteilten Kunststoffkugel dunkelblaue Windowcolorfarbe als Himmel und perlmuttfarbene Windowcolorfarbe als Schnee flächendeckend auftragen und trocknen lassen.

2. Alle benötigten Vorlagen mit Klebefilm unter der Malfolie befestigen, die Bären-Motive mit der perlmuttfarbenen Windowcolorfarbe arbeiten, dabei möglichst eine Maldüse verwenden. Sofort großzügig weißes Samtpulver von allen Seiten aufstreuen und antrocknen lassen. Nach dem Trocknen überschüssiges Samtpulver vorsichtig abklopfen. Jetzt die Sterne mit der perlmuttfarbenen Windowcolorfarbe arbeiten und alles gut trocknen lassen.

3. Eisbären und Sterne nach Belieben auf der Kugel positionieren und die Kugel zusammenfügen.

Leuchtende Sterne

BASTELZEIT
20 Minuten

MATERIAL

- Weihnachtskugel in Lila, Gold bzw. Altrosa, ø 5 cm bzw. 6 cm
- Metallprägefolie in Gold bzw. Silber, 0,15 mm stark, je 15 cm x 20 cm
- Windowcolorfarbe in verschiedenen Lila- und Rottönen
- Moosgummiplatte, A4
- doppelseitige Klebefolie, 20 cm x 30 cm

VORLAGE SEITE 45

Tipp

Diese Technik ist sehr einfach, aber besonders wirkungsvoll. Sie verleiht Ihren Kugeln einen nostalgischen Charakter.

1. Die kopierten oder abgepausten Vorlagen (pro Kugel sechs bis neun Sterne oder viermal die Drei-Stern-Kombination) mit Klebefilm auf der Metallprägefolie befestigen. Auf die Moosgummiplatte legen und alle Linien mit einem Kugelschreiber kräftig nachziehen. Dann die Vorlagen entfernen.

2. Die Rückseite der Sternmotive mit Windowcolorfarben in verschiedenen Lila- und Rottönen ausmalen. Dabei die Flächen rund um die einzelnen Sterne ebenfalls einfärben und trocknen lassen.

3. Von der doppelseitigen Klebefolie ein Schutzpapier abziehen und die unbemalte Prägefolienseite vollständig bekleben. Die Sternmotive ausschneiden, das zweite Schutzpapier abziehen und alles am gewünschten Ort auf der Kugel positionieren.

Schneekugeln

BASTELZEIT
15 Minuten

MATERIAL

- Weihnachtskugel in Rot, ø 5 cm
- Strukturschnee

VORLAGE SEITE 47

1. Schablone aus dünnem Karton anfertigen und auf der Kugel befestigen. Dafür ein Stück Kebefilm zur Rolle drehen und auf der Rückseite der Schablone fixieren.

2. Strukturschnee mit einem Borstenpinsel auftupfen.

3. Die Sterne können mit Strukturschnee ausgefüllt werden oder der Strukturschnee kann um die Sterne herum aufgebracht werden.

Tipp

Sie können anstatt Schablonen auch Sternenaufkleber benutzen, die Sie nach dem Auftragen des Strukturschnees wieder entfernen.

Festliche Tischleuchter

BASTELZEIT
25 Minuten

MATERIAL

- matte Weihnachtskugel mit breiter Kappe (ø 1,5 cm) in Rot, Königsblau bzw. Dunkelgrün, ø 7 cm
- Baumkerzen in Blau bzw. in Weiß mit Goldsternchen
- Wachsklebeplättchen
- Plakatkartonrest in Gold bzw. Silber
- Acrylfarbe in Hellblau und Silber
- Glimmer-Liner in Gold bzw. Silber
- Abziehschrift in Gold: Frohe Weihnachten, Merry Christmas
- Sternchenborte in Gold, 1 cm breit, 22 cm lang

VORLAGE SEITE 44

1. Nach Vorlage die Sterne auf den Plakatkarton übertragen und mit einer Schere oder einem Cutter ausschneiden.

2. Die Kugeln nach Abbildung mit den Abziehschriften bekleben, mit Glimmerliner Punkte aufsetzen oder mit Acrylfarbe eine Bordüre und einzelnen Sternchen aufmalen. Blaue Kerzen mit Glimmerliner akzentuieren. Die Kugelkappen aus der Glaskugel ziehen und umgekehrt ohne Öse mit Heißkleber auf die Kugelöffnung aufsetzen und gut trocknen lassen.

3. Mit etwas Klebstoff die Kugeln gerade mit der Tülle nach oben auf den Stern setzen. Kleine Wachsklebeplättchen in die Tüllen drücken und die Kerzen aufdrücken.

Tipp

Zusätzlich lassen sich die Kugelleuchter mit kleinen Schleifen, Kordeln, aufgezogenem Bouillondraht mit aufgefädelten Perlen oder aufgeklebten Sternen verzieren.

Merry Christmas
Frohe Weihnachten

Grafisches Design

BASTELZEIT
30 Minuten

MATERIAL
- matte Weihnachtskugel in Elfenbein, ø 8 cm
- ca. 8 Haushaltsgummis
- Acrylfarbe in Altgold und Anthrazit metallic
- Maldüse (0,9 mm-Spitze)

Tipp

Damit die Farbe während des Malens nicht verwischt ist es sinnvoll, die Kugelhälften nacheinander mit Zwischentrocknungszeiten zu arbeiten.

1. Die Aufhängung der Weihnachtskugel entfernen. Drei bis vier Haushaltsgummis so über die Öffnung und die Kugel spannen, dass die Kugelfläche in gleich große Felder eingeteilt wird. Je nach Musterwunsch können anschließend weitere Haushaltsgummis zu den bisherigen über die Kugel gespannt werden. Die Gummis können auch quer gespannt werden.

2. Die Schnittpunkte der Haushaltgummis ermöglichen es, die Kugel beim nun folgenden Anmalen festzuhalten: Ganze Farbflächen werden mit dem Pinsel angemalt, Punkte und Linien werden frei Hand direkt aus der mit der Maldüse versehenen Farbflasche gearbeitet. Anschließend trocknen lassen.

3. Die Haushaltsgummis entfernen und je nach Wunsch die dadurch frei gewordenen Flächen nochmals bearbeiten und ebenfalls gut trocknen lassen. Zum Schluss die Aufhängung wieder anbringen.

Kugeln im Country-Style

BASTELZEIT
20 Minuten

MATERIAL

- matte Weihnachtskugel in Orange, Bordeauxrot bzw. Oliv, ø 8 cm
- Filzreste in Dunkelgrün, Hellgrün, Gelb, Weiß und Weinrot
- kariertes Schleifenband in Gold, 2,5 cm breit, 25 cm lang
- Lurexkordel in Gold, ø 2 mm, 50 cm lang
- Golddraht, ø 0,3 mm
- Glimmer-Liner in Gold
- Motivlocher Schneeflocke (ø 1,5 cm), Tanne (ø 2 cm), Stern (ø 1,5 cm und ø 2,5 cm)

VORLAGE SEITE 44

1. Mit einer Schere nach Vorlage die Filzquadrate zuschneiden. Für die weinrote Kugel die kleineren, dunkelgrünen Quadrate auf die hellgrünen Quadrate kleben. Mit Motivlochern die Sterne, Tannen und Schneeflocken aus Filz ausstanzen.

2. Nach Abbildung die Filzquadrate in gleichmäßigen Abständen um die Kugeln kleben und mit den ausgestanzten Weihnachtsmotiven schmücken. Mit goldfarbenem Glitterliner die Filzteile zusätzlich verzieren.

3. Aus dem Goldband eine Schleife legen und mit feinem Golddraht fixieren. Anschließend mit der dünnen Goldkordel die Schleife an der Kugel-Öse festbinden und die Kordelenden miteinander verknoten.

Tipp

Filz lässt sich einfacher und genauer ausstanzen, wenn Sie zwischen den Motivlocher und den Filz ein Stück Transparentpapier legen.

Glanzvoller Fensterschmuck

BASTELZEIT
45 Minuten

MATERIAL

- 3 glänzende Weihnachtskugeln in Cognac, ø 7 cm
- 3 matte Weihnachtskugeln in Gold , ø 7 cm
- je 2 glänzende Weihnachtskugeln in Gold und Pfirsich, ø 7 cm
- je 2 matte Weihnachtskugeln in Cognac und Cappuccino, ø 7 cm
- 12 Lurexbänder in Gold, 6 mm breit, je 80 cm lang (zusätzlich 1 m als Aufhängung)
- 4 Drahtbandschleifen in Gold, 2,5 cm breit, je 1,2 m lang
- 8 Tannenzweigspitzen
- 2 Keramiksterne in Gold, ø 8 cm

VORLAGE SEITE 48

1. Die schmalen Goldbänder einzeln zur Aufhängung an die Kugeln anknüpfen.

2. Beginnend mit einer Kugel nacheinander die Kugelschnüre abgestuft immer etwas kürzer werdend auf halber Schnurlänge (ca. 40 cm Höhe) zusammenfassen (siehe auch Vorlage) und zum Schluss mit einem Knoten alle Bänder zusammenknoten. Die überstehenden Bänder zu einer großen Schleife binden.

3. Eine separate Schnur zur Aufhängung mittig unter der Schleife durchziehen, zweimal über der Schleife verknoten. Zum Schluss die beiden Bandenden miteinander verknoten.

Tipp

Einen schönen Abschluss bilden zwei große, doppelt gelegte goldene Schleifen, einzelne angedrahtete Tannenzweigspitzen und zwei Sterne, die mit Heißkleber an der Aufhängeschnur angeklebt bzw. angedrahtet werden.

Joeux Noel
Weihnachten
Merry
Natale
Jul.
Frohe Weihnachten
Jul
Joeux
Buon Natale

Frohe Weihnachten

BASTELZEIT
15 Minuten

MATERIAL
- matte Weihnachtskugel in Rot, ø 4 cm, ø 7 cm bzw. ø 8 cm
- Schleifenband in Rot-Weiß kariert, 2,5 cm breit, 10 cm lang
- extrafeiner Lackmalstift in Weiß
- Golddraht, ø 0,3 mm

1. Die Schriftzüge nach Vorlage von Hand mit einem extrafeinen Lackmalstift auf die Kugel aufbringen.

2. Zuerst eine Hälfte der Kugel beschriften, auf einer geeigneten Malunterlage (z. B. Papphülse) trocknen lassen. Anschließend den zweiten Teil der Kugel beschriften.

3. Das Band mit Draht an der Kugel-Öse mittig befestigen und die Bandenden schräg abschneiden. Die Kugel mit einem feinen Golddraht aufhängen.

Tipp

Für weniger geübte Maler die Schrift mit dem PC gestalten. Die Schriftzüge grob ausschneiden, passend in der Größe weißes Schneiderkreidepapier zuschneiden. Mit kleinen Klebebandstückchen die Schriftschablonen auf der Kugel fixieren und übertragen (siehe auch Seite 4). Mit dem Lackstift die Schriftzüge nachmalen.

Mond und Sterne

BASTELZEIT
10 Minuten

MATERIAL
- matte Weihnachtskugel in Königsblau oder Silber, ø 8 cm
- Rocailles mit Silbereinzug in Silber, ø ca. 2 mm
- Rocailles in Schwarz opak gelüstert, ø ca. 2 mm
- Miniglaskügelchen in Blau und Silbermetallic
- doppelseitiges Teppichklebeband, 4 cm breit
- Plastikfolienrest (Einkaufstüte)
- Ringelband in Silber, 4 mm breit, 1 m lang
- Schale für Perlen

VORLAGE SEITE 44

Tipp

Damit die Perlen noch besser am Klebeband halten, können Sie die Motive auf der Kugel zum Schluss noch mit einem Föhn erhitzen.

1. Nach Vorlage die Motive auf Papier übertragen und mit einer Schere exakt ausschneiden.

2. Ein Stück von dem Klebeband abschneiden, die klebende Fläche auf eine Plastikfolie andrücken. Das ausgeschnittene Motiv auf das Klebeband legen, mit einem Filzstift die Umrisse nachzeichnen. Anschließend das Motiv exakt aus dem Klebeband ausschneiden.

3. Die Plastikfolie entfernen, die Glasperlen und Kügelchen einzeln oder nach Belieben farbig gemischt in eine Schale geben. Das ausgeschnittene Motiv mit der Klebefläche mehrmals in die Perlenmischung drücken, bis die Klebefläche vollständig mit Perlen bedeckt ist. Nun die zweite Schutzschicht des Klebebandes entfernen, das Motiv auf der Glaskugel platzieren und vorsichtig andrücken. Zum Verzieren noch ein schmales Silberband als Schleife an der Öse festbinden.

◆ **SEITE 36**

Kugeln im Country-Style

◆ **SEITE 42**

Mond und Sterne

◆ **SEITE 32**

Festliche Tischleuchter

◆ **SEITE 10**

Apfelgrüne Kugeln

◆ **SEITE 8**

Hallo, Winter!

◆ **SEITE 28**

Leuchtende Sterne

◆ **SEITE 20**

Elche im Schnee

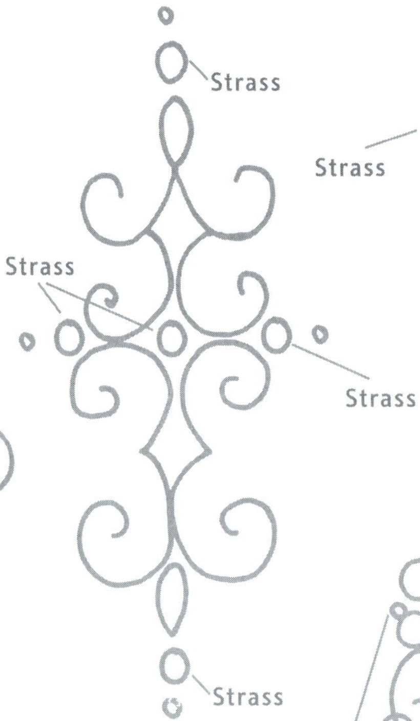

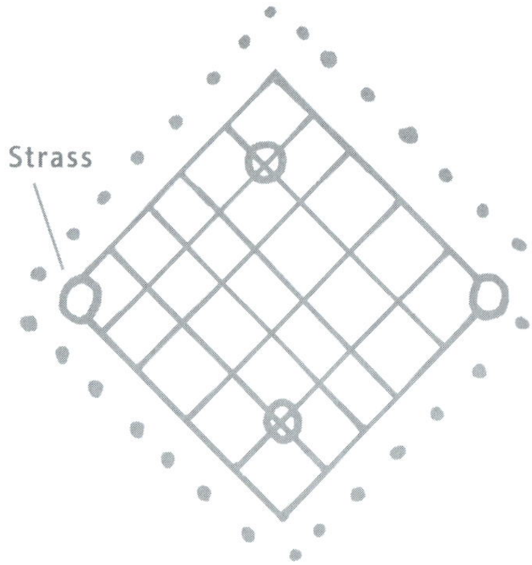

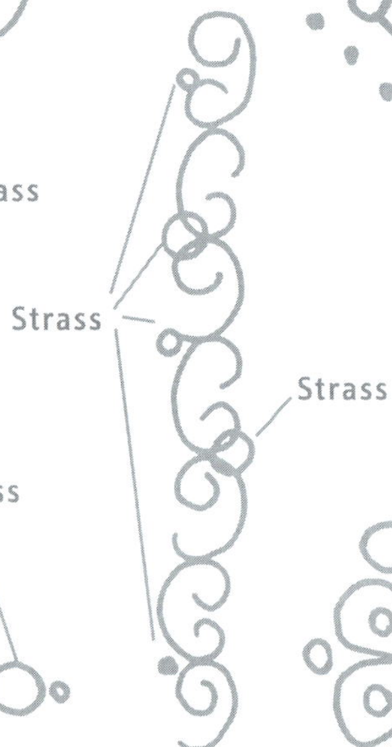

◆ **SEITE 14**

Orientalischer Glanz

◆ SEITE 26

Samtweiche Eisbären

◆ SEITE 30

Schneekugeln

◆ SEITE 22

Santa Claus

◆ **SEITE 38**

Glanzvoller Fensterschmuck

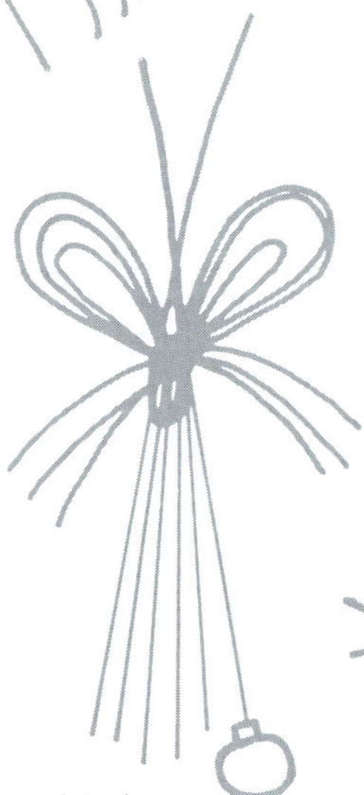

1. Schnüre mit einem Knoten verbinden.
2. Herabhängende Enden zu einer Schleife binden.
3. Eine separate Schnur unterhalb des Knotens durchschlingen und das Gehänge damit aufhängen.

◆ **SEITE 18**

Mit Strass-Steinen

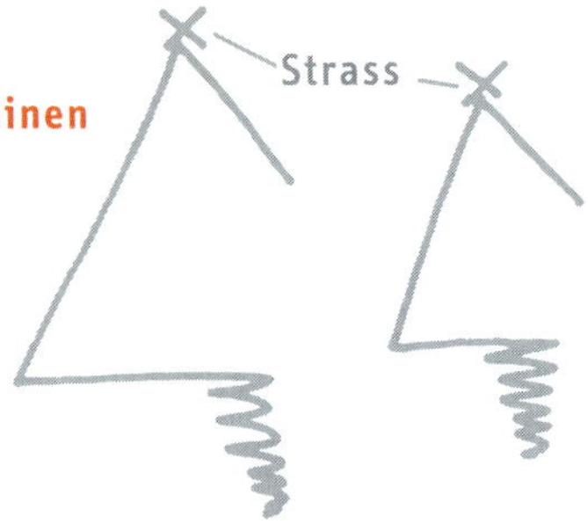

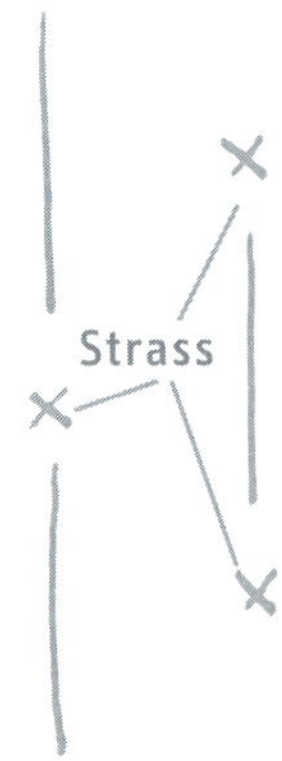

IMPRESSUM

MODELLE: Gisela Heim (S. 12, 16, 20, 26-29, 34), Sigrid Heinzmann (S. 14, 22-25, 32, 36-43), Ute Iparraguirre De las Casas (S. 8-11, 18, 30), Pia Pedevilla (S. 6)

© 2004 **frechverlag** GmbH, 70499 Stuttgart

DESIGN-ENTWICKLUNG: independent Medien-Design, 80538 München
FOTOS: frechverlag GmbH, 70499 Stuttgart; Fotostudio Ullrich & Co., Renningen
DRUCK: frechdruck GmbH, 70499 Stuttgart

Materialangaben und Arbeitshinweise in diesem Buch wurden von den Autorinnen und den Mitarbeitern des Verlags sorgfältig geprüft. Eine Garantie wird jedoch nicht übernommen. Autorinnen und Verlag können für eventuell auftretende Fehler oder Schäden nicht haftbar gemacht werden. Das Werk und die darin gezeigten Modelle sind urheberrechtlich geschützt. Die Vervielfältigung und Verbreitung ist, außer für private, nicht kommerzielle Zwecke, untersagt und wird zivil- und strafrechtlich verfolgt. Dies gilt insbesondere für eine Verbreitung des Werkes durch Fotokopien, Film, Funk und Fernsehen, elektronisch Medien und Internet sowie für eine gewerbliche Nutzung der gezeigten Modelle. Bei Verwendung im Unterricht und in Kursen ist auf dieses Buch hinzuweisen.

Mit freundlicher Unterstützung von Rayher Hobby GmbH in Laupheim

Auflage:	5.	4.	3.	2.	1.	
Jahr:	2008	2007	2006	2005	2004	[Letzte Zahlen maßgebend]

ISBN 3-7724-5615-4